/ 강하중학교아이들 시집 /

나에겐 비도 맛있다

김준모·문서준·문승권·문시영·박민지·박시은·박채호
설승우·송정후·오현석·정세연·최동호·최지호·허예은
김규림·김미성·김정원·류성이·신민준·이상희·장지현
전은총·한예준·허강호·김현모·문조원·민경찬·박상진
백승도·설수현·신건우·이상진·이주용·이준희·조은서
지희준·홍은후

찬조시

김윤명·한미란·강진규·김숙영·안영선

별꽃

여는 글

공동체의 온기를 느끼며

　우리 학교에는 텃밭 가꾸기 활동이 있습니다. 강하의 여름은 그 텃밭에서 시작됩니다.
　유난히 덥던 6월, 7월의 한낮에도 물뿌리개를 들고 아이들은 텃밭으로 향했습니다.
　타는 햇살 아래, 한번으론 부족하다며 흘러넘치도록 담아서 물을 주고 풀을 뽑아내던 아이들.
　가끔 농땡이 부리는 아이들이 있지만, 그 아이들도 눈에 힘을 주지는 않습니다. 다음에 꼭 하겠다는 약속을 남기고 뒤돌아섭니다.

　우리 아이들은 친구를 비난하지 않습니다. 유치원 때부터 함께 해온 이들이기에 가족만큼, 어쩌면 가족보다 서로를 더 잘 압니다. 간혹 친구들이 이해하기 힘든 행동을 해도 "OO이, 지금은 혼자만의 시간이 필요해요"라며 시간을 주자고 제안하고, 그 시간이 길어지면 "너, 괜찮아?"라며 혼자가 아님을 확인시켜 줍니다. 그렇게 시간이 지나면 그 친구는 어김없이 다시 친구들 속으로 들어옵니다. 혹시 이것이 공동체의 온기일까요? 도시에서 성장해 온 내가, 아이들을 통해 어렴풋이 깨닫습니다.

이런 아이들이니 쓰는 언어가 모두 시가 됩니다.

글쓰기는 작년부터 시작되었습니다.

텃밭에 다녀온 뒤, 혹은 바람 부는 가을날이면 시를 쓰고, 복도에 작품을 전시하였습니다.

걱정이라곤 없을 것 같던 우리 아이들의 속을 들여다보니, 활짝 웃는 속에서도 삶의 무늬는 다양했습니다.

우리 아이들의 그 삶의 무늬를 그냥 흘리기에 아까워 기록해 두려 합니다.

2024년 가을을 마무리하며

국어교사 **김 난 희**

차례 | CONTENTS

여는 글 _ 공동체의 온기를 느끼며 2

제1부 찬조시 _ 늦게 피는 꽃

김윤명 _ 홍시 / 겨울나무 / 순례길 10
한미란 _ 너의 눈 속에서 유년의 강을 건넜다 / 오늘 /
       너를 안으면 15
강진규 _ 돌아보기 / 늦게 피는 꽃 / 하루의 혁명 25
김숙영 _ 내가 가는 길 / 개나리, 진달래, 목련 / 초겨울 망초꽃 29
안영선 _ 텃밭 가꾸기 / 텃밭 사용 설명서 / 단풍주의구간 34

제2부 1학년 _ 세상을 빛나게 하는

김준모 _ 128㎎ / 가을 B / 시   42

문서준 _ 우리 엄마 / 시 / 나무   46

문승권 _ 먹구름 / 겨울 / 가을   50

문시영 _ 마법 / 한강 벚나무 / 만두 찜기   54

박민지 _ 하늘 / 음악회 / 어항   58

박시은 _ 주홍빛 계절 / 정답 / 낙엽비   62

박채호 _ 사과나무처럼 / 마음 읽기 / 거미   66

설승우 _ 죄책감 / 감기 / 자린고비   70

송정후 _ 시험 / 가족과 컴퓨터 / 가을 풍경   74

오헌석 _ 날씨 / 나만 싫은 주말 / 버스 안   78

정세연 _ 그럼에도 알아야 할 것 / 첫눈 / 해   82

최동호 _ 나에게 / 납치범 / 비와 승권이   88

최지호 _ 관계 / 떠나가는 계절 / 위로   92

허예은 _ 특별 / 선 / 가지치기   97

제3부 2학년 - 많은 별 중 가장 빛나는 별

김규림 _ 별에게 가는 길 / 너에게 주고픈 꽃 / 살아간다는 것   102
김미성 _ 하늘 같은 아빠 / 1등 / 넌 모르지   107
김정원 _ 침대 / 겨울 / 무지개   112
류성이 _ 무지개 / 희망 / 거미줄   116
신민준 _ 골키퍼 / 창문 / 하늘을 나는 매   120
이상희 _ 가로등 / 비 / 말의 무게   124
장지현 _ 거친 흙 / 나와 비슷한 것들 / 별똥별   130
전은총 _ 다구리 / 무지개 우산 / 창문   134
한예준 _ 토토 / 상상 / 별이   138
허강호 _ 열린 마음 / 거울 / 내 마음속 계절   143

제4부 3학년 _ 역시 우린 P였다

김현모 _ 절망 / 다 끝났다, 끝났어 / 동생   150
문조원 _ 대기 / 서러움 / 노는 날   154
민경찬 _ 고향 / 그깟 밤하늘 / 지우개   158
박상진 _ 삶 / 기말고사 / 기타   162
백승도 _ 인생 / 회의감 / 다람쥐   166
설수현 _ 노력 / 보물 / 너를 위해   170
신건우 _ 폭포 / 가을이 짧았던 탓 / 둥근 해가 떴습니다   174
이상진 _ 매미 / 역시즌 / 친구의 언행   179
이주용 _ 빈자리 / 생각 / 월급 루팡 쓰레기통   183
이준희 _ 중학교 / 가을 / 3만 원 도마뱀   187
조은서 _ 시험 / 익숙했던 것 / 저 너머   192
지희준 _ 꿈 / 형 / 가을바람과 매미 소리   198
홍은후 _ 나의 모습 / 삶 / 새로운 시작   202

발문

안영선 _ 각자의 색깔이 모여 만드는 무지갯빛 세상 이야기   206

제1부 찬조시 — 늦게 피는 꽃

김윤명(학부모)

햇살 좋은 날 오전,
여러 꽃이 피어난 마당에서
커피 한 잔 마시는 것을 좋아합니다.
아내와 강아지 두 마리와 함께요.
주로 글을 읽고, 쓰고, 이야기하고 지내며,
마음이 더 따뜻한 날엔 시를 즐겨 쓰게 됩니다.

홍시

창백한 가을 속에

어쩔 수 없이

정말이지 선택할 수 없는

내 젊은 날이

비에 젖고,

눈에 묻히고,

때론 신산한 들길을 걸었던

떫던 그날이

붉은 홍시로 매달렸다

어쩔 수 없이

겨울나무

겨울나무에

참새들이 매달렸다

오랜만에 날씨가 풀린 탓인지

다들 마실 나왔나 보다

밤사이 내린 눈이 포근했던지

바람은 드러누워 일어나지도 않는다

햇볕은 없어도

겨울나무에 바람은 들지 않으니

설날도 머지않아 날 잡은 걸까

한동안 그렇게 재잘재잘하더니

아이들 저녁해 먹이러

다들 집으로 돌아갔는지

아니면 밀린 빨래하러

들어갔는지 조용하다

쉴 새 없이 재잘대던 자리에는

노란 산수유 꽃봉오리

둥그런 봄을 위한 자리가 놓였다

순례길

길을 나섰다

남도로 향한 마음은 어느새,

꽃길 위

부지런한 순례자들 몇

꽃은 덜 여물었고

섬진강 바람이 찼던지

길은

소란하지도 않았다

여기저기 옮겨 다니는 벌들만이

바쁠 뿐

순례자에겐 바쁠 일 하나 없는

봄날

매화향 한 줌 담긴 채 그대로였다

나도 모르게
매화향 담긴 바람 한 줌
주머니에 담았다

바람의 향인지
매화 향인지
내딛는 걸음걸음 봄 내음을 피운다

한미란(학부모)

저는 받은 게 참 많습니다.
가장 귀한 선물은 부모님께 받은 인내심이고
따뜻한 선물은 남편이 전해준 흙냄새이고
신비한 선물은 두 딸을 기르면서 솟아난 용기입니다.
이제는 제가 받은 것들을 사람들과 나누는
꿈을 꾸고 있습니다.

너의 눈 속에서 유년의 강을 건넜다
- 쉰 더하기 한 살 엄마가 열다섯 딸에게

아가야,

너는 볼 수 없지만

나만 보이는 게 있단다

너의 눈 속 가득

검게 일렁이는

그때 그 외로움을

바람에 싸여 맴돌기만 한

애달픈 나의 노래가

너라는 도돌이표로 다시 돌아와

서러운 메아리 되어

귀를 사납게 내치고

아픈 상처를 들추어내지

너의 눈 속 깊이

가득 고인

방황의 파문을

누군가 부러워해 몽땅 꺼내었다면

좀처럼 남아있지 않으련만

까끌한 조약돌 되어

가슴 속에서 젖어가고 있었다

툭 펼쳐진 강 위

높이 떠 있는 가느다란 외줄

홀로 외줄의 두려움에 걸려

고약한 숨을 몰아쉬다

따뜻한 강줄기에 타지 못했던

그때 그 나이

마음껏 사랑스러워

그때 들리지 않던 강의 노래가

둥글게 오므라든 낡은 귀에는

가장 편하게 밀려와

먼 훗날 너 역시도

마주한 또 다른 눈에서

지금의 소리를 듣고 있겠지

흰 외줄의 두려움에 떠는 너도

푸른 강의 포근함을 담은 나도

흐르는 하나의 인생이기에

네가 지어낸

그 모오든

숨, 나들이가

참, 아름답다

오늘

어슴푸레한 빛이다

저쪽 먼 구름에만 작은 불씨가 걸려 있으니

아직은 고단한 마음을 깨우지 않아도 된다

질기도록 끊어지지 않는 고통의 시간을 잠시간 잊게 해 주던 어둠이 너무 따뜻해

길게 끌어당겨 온몸에 칭칭 둘러 오래도록 머물게 하고 싶었지만

얄밉게도 빛살의 강한 유혹은 내 곁을 자꾸만 자꾸만 후벼파고 있었다

구름이 무심히 빛을 밀면서 다가온다

다시 빛의 아침이 찾아온 건 다행이지만

흐물흐물 절망으로 절인 마음을 끌고

오늘로 이어가야 하는 사람에게는

동공을 향해 파고드는 빛이 차갑고도 뜨겁다

한때의 열정과 그 열정으로 인한 실패와 날카로운 비난의 소리가

강한 빛줄기에 실려 퍼붓고 있는데

순간, 나를 위해 밥을 지었던 노모의 함박꽃 웃음소리가 마음에 닿아

나를 돌보았고 내가 돌봐야 할 눈빛들이 여기저기서 흘러내려

발바닥을 태우고 오늘로 가닿는다

괜찮아, 늦지 않았어

귀에 걸렸던 말들이 서서히 구석구석 온몸을 타고 내려와

시리도록 아프게 꽂혀있던 마음의 가시 조각들을 하나하나 지워가고

축 늘어진 감정들을 건져내 숨을 고르고 소리를 다듬어 눈부시게 펼쳐놓는다

뒤엉킨 감정들을 차례차례 풀어내 다섯 줄의 선 위에 앉히고

톡톡 마음을 깨워준, 나의 고운 눈빛들이 건네주는 음을 따라

슬픔의 응어리 위에 위로를, 질투의 응어리 위에 화해를, 절망의 응어리 위에 희망의 깃대를 올리자

들쑥날쑥한 소리가 하루하루 이어져

사랑으로 향해가는 교향곡이 되어 찬란히 울려 퍼지고 있었다

잠시 어둠의 쉼표를 지나

마리골드 꽃잎을 가득 품은 듯

눈이 맑아지는 빛과 향기를 날리며

아침이 떠오르면

끝을 모르는 곡이

한 박, 두 박, 세 박,

빛이 그어주는 길을 따라

또 시작된다

오늘이다

너를 안으면

너를 안고

너의 향기에 흠뻑 빠져

사랑해, 사랑해

옹알옹알 되새기다 보면

마음에 별이 담기지

두근두근 설레게

들어온 너에게

푹 파묻혀

가장 따듯하게

머무는 순간

포실한 털과 함께

가장 느리게

감기는 시간

코를 적시는 냄새가 좋은 너와

마음을 데우는 품이 그리운 내가

오묘하게 떨리며

아늑한

평온을 나누지

그게

행복이야

강진규(과학교사)

하늘의 별 보기를 좋아하고,
딛고 선 땅 돌멩이에 과도한 관심이 있으며,
농사 후 땀을 식혀주는 시원한 바람을 즐기는,
지구 과학을 전공한 강하중학교 과학 교사입니다.

돌아보기

나에게 뒤통수가 있었던가?

거기에 두 눈이 있었다면……

늦게 피는 꽃

모든 장미가 5월에 필까?

5월의 장미가 가장 아름다울까?

함께 하지 못하는 외로움

일상과는 다른 낯섦

가보지 않은 두려움

되돌릴 수 없는 후회

찬바람 속 뼈 깊은 아림

11월에 핀 장미도 아름답다

하루의 혁명

오늘 아침 늘 같은 출근길을 달려오며

오늘은 좀 다른 것 같았습니다

그리고 생각했습니다

살아있다는 것, 그 이상을 바라는 것은 욕심이라고……

마음 내려놓고 오늘도 똑같은 책상에 앉았지만

전과는 다른 책상이었습니다

짧은 포스트잇 글귀가 하루를 바꾸네요

그 사람에게 감사합니다

그리고

나도 그 사람이 되고 싶네요

김숙영(행정실장)

저는 강하중학교 행정실장입니다.
삼남매 엄마이고, 일하는 아줌마입니다.
호기심 많고 책을 좋아하는 사람입니다.

내가 가는 길

어릴 적

가고 싶은 길이 있었다

환하고

늘 즐거운 일들만 가득한 곳이라면 좋았다

나이를 먹어

아프고 힘든 길을 걸었다

이곳에

내가 왜 와 있는지도 모른 채

그저 묵묵히 걸었다

이제는 알겠다

내가 걸어온 그 길 끝에

비로소 내가 보인다

나는

내 길을 차곡차곡 걸어와

마침내 내가 그 길이 되었다

개나리, 진달래, 목련

봄이 왔단다

노랗고 하얗게, 꽃분홍으로

개나리를 좋아하는 막내딸

노란 점퍼를 펄럭이며 학교에 간다

진달래도 김소월도 모르는 아들은

지금 훈련소에서 피땀 눈물 그렁

슬며시 불어온 봄바람에 큰 딸내미는

목련꽃 아래서 친구들과 한 판 수다

죽순처럼 파릇한 봄날들이

중늙은이 엄마 마음에 비를 뿌린다

초겨울 망초꽃

입동 지난 후

화단 끝자락에

망초꽃이

햇살에 빗겨

앉아 있다

향기도 버리고

오롯이

한 곳을 응시하듯

기다림 속에

홀로

피어 있다

무성하던

여름 햇살과

습한 공기는

벌써 떠나고

한결

높아진 하늘과

가지를 흔드는

인정 없는

바람을 의지해

몰래

키우는

뿌리란 놈의 힘

안영선(교장)

경기도 이천의 두메산골에서 태어났어요. 중학교 1학년 때 난생처음으로 교내글짓기대회에서 장려상을 받았는데, 담임 선생님이 "영선이는 글을 잘 쓰네. 나중에 작가가 되면 좋겠다."라는 말에 정말 글을 잘 쓰는 줄 알았답니다. 국어 교사가 된 후 동료 교사들과 전국으로 문학 답사를 다녔고, 산문집『살아 있는 문학여행 답사기』와 시집『춘몽은 더 독한 계절이다』를 출간했어요. 지금은 양평 강하중학교에서 아이들과 함께 꿈으로 행복한 미래를 여는 중입니다.

텃밭 가꾸기

그것은 숭엄한 장례일지도 모른다

생기 잃은 영혼을 위한 정갈한 의식

봉분마다 하관을 준비하는 땅이 열리고

무심하게 던져진 영혼 위에 뿌려진 흙은 묵언 중이다

틈틈이 영혼의 숨결을 살피러 온 고라니 사이

꽃마리, 강아지풀, 쇠비름, 쇠뜨기, 민들레, 명아주, 방동사니, 들깨풀, 중대가리풀, 개비름, 닭의장풀, 개망초, 질경이, 조뱅이, 뽀리뱅이……

애꿎은 것들이 먼저 고개를 들었다

땅속에서 문드러진 씨감자는

자신의 낡은 육신을 다 내놓고서야

비로소 지상으로 통하는 문을 열었다

한참의 시간을 흘린 불면의 궤적

지상을 뚫고 나오는 저 연록의 생을

환생이라 불러도 될까

텃밭 사용 설명서

먼저 겨우내 잠든 땅을 깨워주세요

계절은 오 분 간격으로 알람을 울립니다

알람이 줄기차게 울린 후

졸음에 겨운 봄은 기지개를 켭니다

땅이 눈꺼풀을 걷어 올리면 향내가 납니다

습한 기운을 따라 호흡기로 스미는 저 냄새

애써 봄 향기라 부릅니다

텃밭 옆에서 겨울을 난 두엄을 쏟아붓고

괭이로 적당히 섞어줍니다

다음은 두둑과 고랑을 만들어 주세요

굼벵이가 나와도 놀라지 마세요

왕지렁이가 나오면 반갑게 웃어주세요

흙이 살아 있다는 증거입니다

이제 두둑을 따라 씨앗을 뿌리면 되는데

요즘은 모종을 심기도 합니다

뿌린 씨앗 절반은 까치 참새 몫이고

심은 모종 절반은 고라니 몫이라 생각하세요

그래야 마음이 편합니다

감자나 땅콩 수확이 적어도 화내지 마세요

땅속을 싱싱하게 지킨 두더지 몫입니다

배추벌레가 보이면 활짝 웃으며 맞아주세요

이상, 친환경 텃밭 사용 설명서였습니다

단풍주의구간

풍경은 말의 재단사였을지도 몰라

(단풍주의구간입니다 주의 운전하시기 바랍니다)
내비게이션의 낭랑한 소리가 들렸지
알록달록 물든 단풍이 골짜기를 품고 있었어
하늘은 온통 바닷빛으로 채색된 날이었을 거야
말은 저속으로만 풍경을 즐기는 시간을 허락했어
아내는 모든 말이 단풍처럼
선홍색이거나 노란색이었으면 좋겠다고 했지

풍경은 차창에 가까워질 때마다 선명한 말을 쏟아냈어
저 앞선 곳 고라니 한 마리 풍경에 갇혀 쓰러져 있었지
(야생동물출몰지역입니다 주의 운전하시기 바랍니다)
붉게 물든 풍경은 가끔 말을 놓치기도 하나 봐
말을 놓친 풍경이 도로 위에서 싸늘하게 식어가고 있었지

단풍주의구간

아내에게서 처음 들어본 말이야

두근대는 속내를 귀가 먼저 읽어낸 말이지

도로표지판에 없는 말

인터넷에 검색되지 않는 말

풍경이 꼭꼭 숨겨두었다 이 계절에만 끄집어내는 말이었지

아내는 시월이면 단풍주의구간을 달리고 싶어 했어

풍경이 전하는 말을 듣고 싶어 했지

제 2 부

1학년 — 세상을 빛나게 하는

김준모

시란 무엇인가?
단순하게 말하자면 문학의 일종이라고 할 수 있다.
그러면 시인이란 누구인가?
단순히 시를 쓰는 사람을 말하는 것인가?
그렇다면 단순히 타자기를 두드린 사람도
시인이라 할 수 있는 것인가?

128mg

노트북 옆, 학습지가 난잡하게 흩어진

탁자 위에 놓인 머그잔 하나

모락모락한 김 사이로 퍼져나가는

쏠쏠한 향기

시커먼 액체 속에 자리 잡은

카페인의 무게

줄어드는 잔 옆으로 달이 기울어 가지만

인생의 무게는 짙어만 가는구나

가을 B

비, 비, 비, 비가 내린다

가을인데 어찌 비가 내리는가

하늘은 맑건만 어떻게 비가 내리는가

부정한다 한들 비는 이미 가득 쌓였으니

먹구름처럼 마음을 가리는구나

비라 해도 비가 아니고

비를 맞아도 비가 아니니

눈물이 비처럼 내릴 뿐이다

시

작은 공터의 낙엽 더미

그 속에서 길을 잃은 생각

생기를 잃은 낙엽들의 소용돌이 치는 감정 속에서 방향을 잃은 감각

찬란한 햇빛에 눈이 먼 직관

혼란 속에서 운율이 깨지고 심상이 무너진다

엉겨 붙은 글자 속에는 오직 낙엽만이 남아있다

문서준

저는 농구나 축구를 좋아합니다.
농구와 축구를 할 땐 지금 하는 것에만 집중하고 있어
다른 잡생각을 안 하게 되어 좋습니다.

우리 엄마

어떡하지?

숙제할까? 말까?

씻을까? 말까?

운동할까? 말까?

그럴 때 난 엄마에게 묻는다

엄마는 말한다

"그걸 나한테 왜 물어봐!"

그럼 난 뭘 할지 번뜩 떠오르지만

엄마에게 뭐라고 말할지 뻘쭘해져서

"알겠어" 한다

시

아이들이 시를 쓰느냐고

괴로워한다

그리고 내 머릿속에서는

태풍이 일어나고 있다

그래서 선생님께 질문하니

생각을 담으라고 하시지만

생각을 어떻게 담을지 모르겠다

시는 정말 모르겠다

나무

단풍이 지는 거 보니 가을이 가고

겨울이 오고 점점 추워진다

겨울이 오나?

나는 옷을 더 두껍게 입지만

나무들은 옷을 다 벗어 던지고 있다

학교에 오니

나무 사이로 해가 밝게 떠 있지만

내 얼굴은 점점 밤이 되어가고 있다

모든 게 나랑 정반대다

문승권

저의 장점은 저도 잘 모르겠지만,
어른들은 제가 주로 착하다고 하세요.
하지만 저는 이상한 생각을 많이 하는 단점이 있어요.
저는 중학생이 되면서 공부 생각밖에 없는 것 같아요.
공부 걱정을 많이 하는데,
많이 하지는 않아서 문제입니다.
그 외에도 돈, 진로, 친구 관계 등 많은 걱정이 있습니다.
저는 그냥 아무런 걱정 없이 재밌게 살고 싶어요.

먹구름

이른 아침

콰과광 천둥이 치는 소리에 잠이 깼다

그러더니 톡 톡 톡 조금씩 비가 내리다가

토도독토도독 쉬지 않고 내리기 시작했다

고개 들어 보니

먹구름이 검게 물들어 있었다

콰과광 울려 퍼지는 천둥소리

토도도도독 내리는 빗방울 소리

물웅덩이를 밟으면 나는 첨벙 소리는

다 먹구름에서부터

나나 보다

겨울

고민이 생겼다

사람들의 시선이 예전 같지가 않다

차갑고 으스스한 겨울 같은 느낌?

'넌 몰라도 돼'

'너가?'

'가만히 좀 있어'

그러면서 기분이 안 좋아진다

'내가 뭘 잘못했나?'

'내가 싫은가?'

'내가 만만한가?'

짜증이 났다가 또 괜찮았다가

매일 감정들이 뒤섞여서

점점 이상해지는 기분이 든다

차가운 시선의 발단은 언제부터였을까?

가을

1교시, 국어 시간

시간이 가는 듯 마는 듯한 시간

어떻게든 집중하려고 애쓰면

잠만 더 오고 괴로워진다

아무 생각 없이 창밖에 보이는

학교 뒷산에 소나무를 보니

몇몇은 시들어져 가고

몇몇은 노랗게 변하는 중이다.

'이제 진짜 추워지려나?'

'단풍잎은 아직 없나?'

'내일은 두껍게 입고 와야지'

수많은 생각을 하다 보니

어느새 잠이 다 깼다

문시영

저는 사람들과 친근하게 지내고 싶어요.
사람들과 친근해지면 사이가 좋아지니까요.
사이가 좋아지면 이득이 생기지 않을까요 ^_^?
전 요즘 가끔 하늘을 보는 것도 좋은 것 같더라고요.
요즘 하늘이 너무 이쁘지 않나요? (아님 말구).
이 글 읽는 분들도 가끔 하늘을 보는 건 어떨까요?

마법

나의 마법은 불을 소환할 수 있지

히힣 :>

가을도 마법을 사용하지

마법은 나무를 붉고 노랗게 만드는 염색 능력이지!

어라?

이 마법은 나도 못쓰는데?

가을은 엄청난 마법의 소유자다!

한강 벚나무

핑크핑크 분홍분홍

플라밍고같이 물든 나무들!

이쁘다!

다리에선 분홍색 딸기 맛 사탕 같다

더 높은 건물에서 보니 작은 팝콘들 같다

맛있겠다!

산 위에서 보니 분홍 도화지 같다

만두 찜기

오늘 아침 일어나기

그리고 씻기

밥 먹기

준비하기

등교하기

오늘 아침은

비 오고

완자 만두 먹기

지금 날씨는

만두 찜기

반에 도착하면

누워있기

박민지

저는 평소 버스를 타고 갈 때 창문 밖 풍경이나,
주변을 보는 걸 좋아합니다.
제가 쓴 시도 주변 풍경을 구경하다가
생각난 시들입니다.

하늘

끝없이 푸른 하늘이 안개로 뒤덮여

하얀색만 보이는데

내 머릿속도

다른 생각들이 네 생각으로 뒤덮여

너밖에 안 보인다

음악회

바람이 나뭇잎을 스쳐 바스락

사람들의 발걸음이

떨어진 나뭇잎을 밟고 바스락

나도 바스락거리며 가을 음악회에 참여한다

무대 위는 알록달록한 낙엽으로 물들어 있는데

무대는 소나기 박수로 마무리된다

어항

어항에 이끼가 생기듯

마음에도 이끼가 생긴다

어항에 물을 넣고 오래 있으면

이끼가 생기는 것처럼

마음에 눈물이 차 있는 상태로

오래 있으면

마음에도 이끼가 생긴다

마음속 어항에 눈물을 비우고

청소할 수 있다면 얼마나 좋을까

청소하는 법이 있다면

엄마에게 알려주고 싶은데

박시은

제 장점은 뭐든 긍정적으로 생각하는 것입니다.

단점은 수학을 굉장히 못 합니다.

수학이 너무 싫어요.

수학은 싫어하지만

앞으로의 저는 행복하게 살아가고 있지 않을까요?

무엇을 하든 나의 결정이니

좋은 일만 일어날 거라 믿습니다.

시은아, 파이팅!

주홍빛 계절

길을 걷다 하늘을 바라보니

푸른 하늘이 내게 인사해 주었다

학교 운동장에서 산을 바라보니

붉은빛 주황빛 나무들이 살랑살랑 춤추고 있었다

하교 후

버스를 타고 초등학교 놀이터를 바라보니

아이들이 하하 호호 웃고 있었다

매 순간 나의 마음도

주황빛으로 물들어 가고 있는 걸 느꼈다

아, 주홍빛 계절이 다가왔구나

푸르던 세상이 태양 빛으로 물들어 가는 계절

이 계절과 함께하는 매 순간들이

행복한 감정으로만 가득 채워진다

정답

가장 소중한 게 뭐라고 생각하니?

가족? 친구? 선생님?

물론, 사람마다 다 다르겠지

이 질문에 답은 없어

네가 생각하는 그게 답이야

난, 답이 나라고 생각해

네가 생각하는 소중한 것은

너라는 사람이 존재하기에

볼 수 있었던 거잖아

결국 나라는 사람이 없었으면

보지도 못했을 거고

그래서 난

네가 너 자신을 한 번 더 생각해 주면 좋겠어

다른 사람보다 중요한 건

자신이니까

낙엽비

하늘에서 비 오는 소리가 들렸다

응? 왜 빗방울이 안 떨어지지?

하늘을 올려다보니 낙엽이 쏴아아 하고

내리고 있었다

가을에만 볼 수 있는

아주 특별한 비를 본 거 같아 행복했다

순간 나무는 행복할까?

하는 생각이 들었다

오랜 세월 함께였던 나뭇잎을

떠나보내는 것이니까

낙엽비야, 더 내려줘

아니, 조금만 더 천천히 내려줘

나무가 쓸쓸할 것 같단 말이야

박채호

중학생이 되면서 외모, 성격, 취향이 변해

자신감이 생기고 새로운 취미와 활동도 늘었어요.

조화롭고 행복한 삶을 꿈꾸며,

세계 여러 나라를 여행하고 싶어요.

인종과 문화를 배우고 싶어요.

사과나무처럼

난 자신을 소중히 여긴다

나 자신을 아끼고

못 떠나가게 붙잡는다

사과나무도 나처럼

사과를 붙잡는 것이 아닐까?

사과나무에 사과가 없으면

그저 나무니까

마음 읽기

마음은 읽기 힘들다

마음은 진지하고 슬프기만 하다

수학 문제 풀듯 복잡하기만 하다

마음도 만화책처럼 쉽고 재미있을 순 없을까?

마음도 만화책처럼 재미있다면

이해하기 쉬울 것 같은데

어디 마음을 재미있게 바꿔 줄 이야기 없나?

거미

난 거미다

비가 왔다

떨어지는 빗방울에

집이 무너져 내려간다

살고 싶어 발버둥 친다

하지만 용기를 내어 버틸 것이다

비가 오고 폭풍이 오고

하늘에서 운석이 떨어져도

버텨 낼 것이다

설승우

저는 침대에 누워 있는 걸 좋아합니다.
침대에 누워 있으면 마음이 편안해지고
시간이 멈춘 것같이 조용해집니다.
새 소리 들으며 잠에 들 때가 가장 기분이 좋아지고
마음이 편안해지기 때문입니다.

죄책감

공부를 하지 않고

딴짓할 때

그럴 때 이런 질문이 떠오른다

부모님이 번 돈으로 공부하는데

무엇을 하고 있었지?

막연히 놀고 있을 때

문득 생각이 든다

이대로 놀고 있어도 괜찮은가?

옆에서 들리는

공부하는 소리

그것이 나에게

죄책감을 만든다

감기

남들보다

2도가 높았다

팔다리는 무거워지고

의식도 깊은 바닷속으로

떨어지는 느낌이었다

남들이 웃고 떠드는 시간에

나는 집에서

홀로 TV를 보았다

그 외로운 시간에

침대에 누워서

'왜 하필 오늘 감기에 걸렸을까'라고

생각하며 눈을 감았다

자린고비

하늘에서 내리는 비를 보며

밥 한 숟가락 뜨고

다시 비를 반찬 삼아 본 다음

밥을 다시 먹는다

나에겐 비도 맛있다

송정후

친구들과 노는 것과 게임하는 것을 좋아합니다.
돈을 많이 벌어서
가족들과 하고 싶은 걸 같이 하고
친구들과도 하고 싶었던 걸 다 하고
다 같이 웃으며 행복하게 사는 삶을 살고 싶어요.
공부가 너무 어려워서 고민이지만
열심히 하려고 노력 중이에요.

시험

시험 보는 날이 오면

친구들과 나는 힘들지만

열심히 시험 준비를 한다

동호는 문제집을 풀고

서준이가 단어를 외우다 보면

시험이 시작된다

문제를 풀기 시작하면

모르는 문제가 너무 많다

어려워서 결과는 별로 좋지 않다

시험은 왜 있는 걸까?

가족과 컴퓨터

나는 평소에

가족이랑 지내는 시간보다

컴퓨터랑 있는 시간이 더 많다

그래서 컴퓨터랑 더 가깝지만

가끔은 엄마 아빠가

공부해라

그만 놀아

학원 좀 다니라는

잔소리가 더 좋다

엄마, 아빠랑

시간을 보내는 게 더 재밌고

시간이 더 빨리 가는 거 같다

가을 풍경

수업하다 밖에서 빗소리가 나서

비가 오는 줄 알고 밖을 봤는데

가을바람 소리였다

밖을 보니 이젠 진짜 가을이었다

단풍도 이쁘고 하늘도 파랗고 해서

내 마음이 시원해지는 기분이 들었다

이제 저 단풍이 지면

가을이 가고 겨울이 오겠지?

오헌석

저는 노래를 듣는 것을 좋아합니다.
친구들과 게임하는 것도 좋아해요.
노래를 들으면 걱정이 사라지고
친구들과 게임을 해도 걱정이 사라져요.
저는 걱정이 없는 게 행복하거든요.
중학생이 되고 공부를 많이 해서 힘들지만
그래도 할 수 있는 게 많아져서 좋습니다.
저는 빨리 꿈을 이뤄서 그때를 즐기고 싶어요.

날씨

어렵다

계속해서

바뀌는 이 감정

이럴 때는

어떻게 행동해야 할까

내 마음속

바뀌는 이 감정을

어떻게 할 수 없을까

나만 싫은 주말

월요일부터 금요일까지 학교를 가지만

주말이 오면 나는 행복했다

근데 더 힘든 주말이 오고 있었다

내가 생각한 주말은

낮잠도 자고 친구들과 게임도 하는 것이었는데

악기 연습을 하루 종일 하고

교회도 갔다가 머리 자르려 했지만

예약이 늦어 못했다

축구하러 갔는데 비가 와서 다시 집으로 왔다

집에서는 역사 공부하려고 인터넷을 뒤졌다

그래서 더 힘들다

나는 오래 쉬고 싶은데

버스 안

학원이 끝난 후

집 가는 버스 안에는

학생, 직장인, 어르신들도 타고 있다

버스 안 사람들은

피곤하고 힘들어도

미래에는 행복 하려

그렇게 사는 것 같다

이런 생각을 하다 보면

어느새 집 앞 버스 정류장에 도착한다

정세연

그림을 그리며 소설을 쓰는 것이 취미인
평범한 중학생이랍니다.
제가 쓴 시를 소개하자면
저의 시는 약간 드러나지 않는 내면의 마음을
이야기하는 시라고 보시면 될 것 같습니다!
그런 느낌의 글쓰기를 좋아하거든요.

그럼에도 알아야 할 것

가장 소중하다 생각하는 건

사람마다 다르겠지

누구는 가족이 소중할 것이고

누구는 친구가 소중할 것이고

그리고 또 누구는

나 자신이 소중하겠지

또 누구는

가족을 원치 않을지도

친구를 원치 않을지도

나 자신을 원치 않을지도 모르지

사람들이 생각하는 것은 저마다 다르겠지

그럼에도

알아야 할 것이 있어

누군가는

널 원할지도

널 생각할지도

널 가장 소중히 여길지도 모른다는 것을

첫눈

차가운 추위를 지나고

따뜻한 봄과

강렬한 여름

신선한 가을을 지나

다시 내게로 찾아온

외로운 겨울

그 감정의 늪에

다시 들어가고 싶지 않아

발버둥을 쳐보았지만

억지로 등에 떠밀려

몸이 얼어붙을 듯이 차가운

겨울바람을 맞았다

그 바람이

나를 다시 무너뜨릴까 두려워

구석에 숨었을 때

괜찮다며 위로하려는 듯
보송보송 내리는
눈을 보았다

무엇보다도 차가운 계절이었지만
그럼에도
순수한 흰색을 머금은
나의 몸에 닿자마자
내 온기에 녹아드는
하얀 눈송이가

이번 겨울에 처음으로 맞이한 눈이었다

해

빼곡하게 솟아오른 나무들이

검은 그림자를 형성하고 있을 때

해가 그 사이로 빼꼼 나왔네

난 그 해가 너무 밝은 나머지

눈살을 찌푸렸지만

동시에

그 해가 아름답게 느껴지네

최동호

저는 친구들과 게임하는 것을 좋아합니다.
친구들과 같이 소통하며 게임을 하는 게 즐겁습니다.
잠자는 것도 좋아합니다.
잠을 자면 피로가 풀리고
자기 전에 생각을 정리하며 쉬는 게 좋습니다.
저는 요즘 진로에 대해서 고민이 됩니다.
아직 하고 싶은 게 없기 때문입니다.

나에게

나에게 말해주고 싶다

힘내라고

천천히 가도 된다고

네가 좋아하는 일들을 하라고

조금만 더 공부하면

멋진 내가 되어 있을 거라고

그 말들을 듣고 싶다

납치범

숙제하기 싫다

오늘도 집에 가서 숙제해야 한다니!

초등학생 때는 할 게 너무 없었는데

이젠 학교 갔다 와서 쉬다가

밥 먹고 숙제하면 10시다

낮잠도 자고

밖에서도 놀고 싶은데

숙제가 싫은 나는

오늘도 숙제에게 잡혀간다

비와 승권이

학교에 비가 솔솔 온다

젖은 나무들과 물웅덩이로

비가 연주한다

나무 치는 소리

지붕 타고 내려와 떨어지는 소리

우리를 위한 비

나를 기분 좋게 만들어 준다

이제 학교에는 승권이와 비의 목소리만 남았다

최지호

저는 저를 좋아해 주는 사람들과
함께하는 것이 좋습니다.
그래서 저는 저를 좋아해 주는 사람들과 함께
항상 좋은 기억을 만들며 살고 싶습니다.

관계

퐁당퐁당

나의 연못에 친구들이 돌을 던진다
오랜 친구만의 장난이야!

돌은 점점 많아진다

장난인가?

친구의 연못 앞에 서 있다
내 손에는 어쩐지 무거운 돌이 있다

퐁당
돌이 미끄러진다
잔물결은 파르르 떨린다

아,

오랜 시간에 가려져 있던 선을 내가 넘었구나

이미 많은 금이 가 있던 벽이 무너진다

우리가 오랜 시간 공들인 벽이 지금 무너진다

떠나가는 계절

다른 계절들은 흘러가는데 가을은 혼자 떠나간다

세상이 평소보다 일찍 황금빛으로 물들어 간다면

가을은 떠나가고 있다

시린 나뭇가지를 따뜻하게 감싸주던

단풍이 땅으로 내려와

우리 발에 밟혀 귀를 즐겁게 해 준다면

가을은 떠나가고 있다

은행잎이 노랗게 물들인 바닥과

코끝을 스쳐 가는 바람 소리가

우리의 배경이 되어주었던 가을

아직 함께 있다 생각했지만

날카로운 바람이 내 안을 파고든다

위로

"잠시 후 우리 비행기는 이륙합니다."

새로운 장소에서 위로받고 근심 걱정을 훌훌 털어버리리라 다짐했습니다

잠시 후 비행기는 높고 파란 하늘을 향해갑니다 높은 하늘을 향해 갈수록 세상은 작아집니다 점점 더 작아집니다

'높은 곳에서 내려다보는 세상은 이렇게나 작은데, 지금 나의 고민은 작은 점에 불과하겠구나'

마치 지금 일은 아무것도 아니라 말해주는 것 같았습니다 뻥 뚫린 하늘을 보니 눈물이 흐릅니다 이유 없이 계속해서 흐릅니다

나는 이미 위로받고 있습니다

허예은

저는 다른 사람과 소통하는 것을 좋아합니다.
다른 사람 이야기 듣는 것을 더 좋아하고
다른 사람에게 의지를 많이 하는 편입니다.
저는 많은 사람과 대화하고 도와서
다른 사람이 저를 편안하고 믿음직한 사람이라고
생각하는 삶을 살고 싶습니다.

특별

사람들은 푸릇한 나무들 속

죽어가는 나무를 보면

그 나무가 옥에 티라고 생각해 없애버리고

다시 심기를 바라지

미처 그 나무가 심심하고 뻔한 풍경에

재미를 심어주고

특별해 보이게 해 주는 나무라는 생각을 못 해

우리가 예쁘지 않고 잘하는 것이 없다 해도

옥에 티 같이 필요 없는 존재로 생각하지 마

이것만 기억해 봐

사실은 존재 자체가

세상을 빛나게 하는

'특별' 그 자체라는 걸

선

소리를 이어 전달하는 선

이어폰

우리를 이어 줄 선은 없나?

우리 마음의 소리를 전달해 줄 그런 선 말이야

가지치기

불필요한 가지를 잘라서

다른 중요한 가지를 튼튼하게 하는

가지치기 작업

내 마음에도 가지치기로

상처와 트라우마를 잘라내

나를 더 튼튼하고 멋지게 만들어야지

제3부 2학년 — 많은 별 중 가장 빛나는 별

김규림

힘든 삶을 보내고 있는 사람들에게
저의 시가 힘이 되었으면 하는 마음을
시에 솔직하게 표현했습니다.
시마다 삶의 어려움 속에서도
희망을 잃지 말자는 메시지를 담았습니다.
고된 하루를 보낸 당신에게
이 시를 선물해 주고 싶습니다.
모두가 별처럼 빛나는 존재라는 걸 알아주세요.

별에게 가는 길

많은 별 중 가장 빛나는 별

그 하나만 보인다

찬란하게 빛나고 있는 그 별을

끝이 보이지 않는 먼 우주

별을 찾으려 하지만

우리는 서로를 볼 수 없다

오랜 시간이 걸려

어둠 속에서 길을 헤매며

너에게 가고 있다

별도 내게 오고 있을까?

너에게 주고픈 꽃

모든 사람은

한 송이의 꽃을 가지고 태어난다

자라나는 과정도

다 다른 꽃

꽃의 존재를 깨닫고 피어나는 사람들 속에서

아직 꽃의 존재를 알지 못하는 너

피어나는 과정에선

어려움도 있기 마련이다

꽃을 꺾으려는 사람들

꺾이는 꽃을 지키기 위해

힘쓰는 사람들

아직 너란 존재를

알지 못하는 너에게 해 주고픈 말

세상에서 가장 소중한 꽃은

너란 걸

살아간다는 것

내가 숨 쉬고

주변에서의 숨을 같이 나누는 것

나를 사랑해 주고

남들과 사랑을 나눌 수 있다는 것

길이 없다는 생각이 들 때

묵묵히 빛을 따라 걸어가는 것

내가 생각하는 믿음대로

흘러가는 것

이것이 바로

살아가고 있다는 것

김미성

나는 정말 정이 많습니다.
또, 상처를 잘 받습니다.
요즘 나는 시험도 걱정이지만
승마에 관한 생각이 많아졌습니다.
갑자기 승마장 안에서 여러 일들이 생기면서
생각이 많아졌습니다.
또 앞으로 어떻게 살고 싶은지…….
내가 하고자 하는 것을 무조건 성공하고 싶습니다.

하늘 같은 아빠

우리 아빠는 하늘

언제 날씨가 바뀔지 몰라

아빠가 화가 나면

주룩주룩 비가 쏟아지고

그 단계에서 더~ 올라가면

쾅! 쾅! 천둥 번개가 쳐

그렇지만 아빠가 기분이 좋으면

무지개가 뜨고

파릇파릇한 하늘

몽글몽글한 구름

따뜻한 햇살이 올라오지

언제 눈이 올지

비가 올지

아무도 몰라

마치 하늘처럼

1등

사람들은 2등보단

1등을 더 좋아한다

2등은 좋아하지 않고

오직 1등

사람들은 2등을 외면하고

2등은 혼자 남아서 생각한다

1등만 인정받을 수 있구나

2등은 1등을 빛내주기 위한 존재

넌 모르지

넌 알지

내가 어떨 때 슬픈지

넌 알지

내가 무엇을 좋아하는지

넌 알지

내가 너한테 얼마나 잘해 주는지

넌 알지

나에 대해

그렇지만 이건 모르지

내가 널 얼마나 기다리는지

김정원

베이킹 하는 것을 좋아합니다.
요즘 영어 타자를 연습하고 있어요.
박보검 잘생겼어요.

침대

집을 나서면 그리워지는 내 침대

밖에서 치이고 들어와 고단할 때도
반갑게 맞아주던 내 침대

눈이 오든 비가 오든
곁을 묵묵히 지켜주던 내 침대

보고 싶다

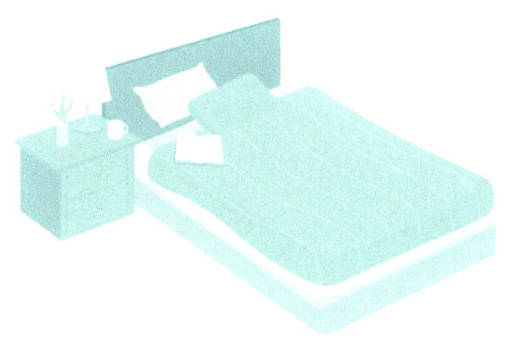

겨울

겨울은 이상한 계절이다

부지런한 사람을 게으르게 만들고

몸무게 앞자리가 바뀌는

사람을 한순간에 비참하게 만드는 계절이다

그래도 나는

습하고 더운 여름보다

겨울이 좋다

무지개

가로등을 잇고 있는 전깃줄이

늘어져 있다

오늘 내 마음 같다

무지개는 희망을 상징한다는데

언젠가

저 전깃줄 같은 내 마음에도

무지개란 희망이 생기지 않을까?

류성이

저는 수학을 좋아합니다.
미국 드라마나 영어를 듣는 건 좋아하지만
점수는 안 나와요.
열심히 노력해도 도저히 영어는 점수가 낮아요.
전 제가 좋아하는 걸 하고 싶어요.
점수와 상관없이.

무지개

무지개를 본 적 있는가

무지개는 만질 수 없다

하지만 보인다

보이지만 만질 수 없고 예쁘지만

가질 수 없는 것이 바로 무지개다

사람의 마음 또한 그렇다

희망

무지개가

희망의 상징이라는 말을 들어 봤는가

나는 언제나 무지개를 본다

하지만 나는 왜

희망이 안 보일까?

희망이라는 것은 무엇일까?

희망이라는 것은 있다가도

어느새 없는 게 희망 아닌가

희망이 필요할까?

거미줄

학교 앞 나무에 보이는 한 거미줄
자신보다 몇 배는 큰 거미줄을 친 거미

저 거미줄은 치는 데 얼마나 걸렸을까
하루. 한 주. 한 달

사람 손짓 한 번으로 사라지는 거미줄
그런 거미줄임에도 열심히 치는 거미
하찮지만 정성스럽게 친 거미줄

신민준

저는 시를 좋아하는 사람입니다.
시를 쓰면서 여러 가지 생각을 하게 되니까
무척 좋았습니다.
그래서 저는 시 읽는 것보다
시를 쓰는 것을 더욱 좋아합니다.
수업이나 시험보다는 시 쓰는 것을 무척 좋아합니다.

골키퍼

나는 공을 잘 못 막는다

공이 이리저리 오지만

하나도 못 막았다

하지만

그것이 첫걸음마가 된다

처음도

그랬다

여러 번 반복하지만

나는 여러 번 실수한다

나는 쓸쓸한 골키퍼다

창문

지금은

혼자 힘들지만

기다려야 한다

혼자 쓸쓸하지만

기다려야 한다

바람 불지만

기다려야 한다

계속

기다려야 한다

언젠가는 창문 밖 너머로

자유가 오니깐

하늘을 나는 매

나는 매가 되고 싶다

수업 시간 창밖에

매를 보면 얼마나

자유롭던가

390㎞ 속도로 하강하는

매를 보면

더욱 매가 되어

자유롭게 하늘을 날고 싶다

흘러가는 시간은

맹금류의 매가 되어

나의 시간을 낚아채 간다

나는 우리가 힘들다고

느끼는 이 시간에는 더욱

하늘을 나는 매가 되고 싶다

이상희

저는 고양이를 좋아합니다.
기분이 좋지 않아도 고양이를 보면
편안해지는 느낌이 들기 때문입니다.
가끔은 고양이 같은 인생을 살고 싶습니다.
놀고 싶을 때는 놀고, 먹고 싶을 때는 먹고,
공부도 안 하고, 하고 싶은 거 다 하며
인생을 살아가고 싶습니다.

가로등

캄캄한 어둠 속에서 나를 밝게 비춰 준다

항상 내 곁을 지켜주며 밝게 빛나게 해 준다

네가 나를 지켜주고 나를 빛나게 해 주었으니

이제는 내가 가로등이 되어 너를 밝게 비춰 줄게

비

네가 온다는 소식에

하염없이 너를 기다려 본다

언제 올까

언제 올까

두렵기도 하지만

설레기도 한 내 마음

너무 큰소리를 내며

오진 말고

조용히 조용히

와 주렴

그렇다고 너무 오래도 아니고

짧게도 아닌 적당히

이 세상에 네가

왔다는 걸 알려주고

조용히 가 주렴

이제 나는 너를 봤으니

이제 가 주렴

네가 보고 싶지 않게

기억나지 않게

조용히 가 주렴

말의 무게

말의 무게는 가볍다

머릿속에서 생각나는 것을

입 밖으로 바로 내뱉을 수 있다

하고 싶은 말

모두 다 할 수 있기에

말의 무게는 가볍다

누군가와 대화 중

무심하게 툭 던진 말

화살처럼 빠르게 날아온 말

한 발의 화살이지만

100개의 화살이 몸에 박힌 듯

고통스러웠다

마음속에 돌멩이라도 가득 쌓인 듯이

마음속이 무겁다

지금만큼은 말의 무게가

트럭보다

집보다

나무보다

무겁게 느껴진다

가벼운 솜이 바위로 느껴진 것은

바로

말의 무게가 무거워서일지도 모른다

장지현

나는 내가 누구이며 무엇을 생각하는지도 잘 모른다.
그렇기에 내가 쓰는 시들의 특징은
정말로 찾아보기 힘들다.
어떤 시는 굉장히 부정적이지만 또 다른 시는 긍정적이다.
또한 어떤 시는 여러 가지 표현법이 들어 있는 반면에
어떤 시는 굉장히 단순해 동시의 느낌이 나기도 한다.
그렇지만 나는 내가 쓴 시를 보면
내가 시를 썼던 기억이 난다.
아마 내 시들은 전부 내 생각으로부터 와서 그런 걸까?
뭐 시간이 지나면 언젠간 알게 되겠지.

거친 흙

이런 거친 흙에도

빨간 나팔꽃이 피어나겠지

그러면 내 마음에도

빨간 나팔꽃이 피어날까?

나와 비슷한 것들

나는 도서관 속 책이다

여러 군데를 돌아다니며 지식을 알려주는

나는 막장 드라마다

맥락을 우주의 저편으로 보내 웃음을 주는

나는 과자 봉지다

재미있게 과장을 하여 열정적으로 웃음을 선사하는

나는 방문 판매원이다

활동적으로 돌아다니며 열정적으로 조언하는

나는 얌전해지고 싶은 슈나우져다

너무 활동적이어서 덤벙거리는

나는 도시로 가고픈 시골의 들쥐다

손톱을 너무 많이 물어뜯는

별똥별

어두운 도화지를 잠시 지나가는 한 점

그 무엇보다 신비롭고 아름다운

나는 그 점이 되고 싶다

어두운 무대에서 자신을 화려하게 나타내는 불꽃의 배우들

한 번뿐인 무대이기에 그 무엇보다 화려하게 빛나는

나는 그 배우들이 되고 싶다

두꺼운 껍데기를 깨고 나와 한 달간의 투어를 떠나는 가수

그 무엇보다 큰 소리로 모두를 집중시키는

나는 그 가수가 되고 싶다

민중을 위해 안정을 버린 혁명가

친구를 부르는 자유롭지만 엄격한

나는 그 혁명가가 되고 싶다

전은총

저는 아직 하고 싶은 게 없습니다.
그래도 요즘은 찾아가려고 노력 중입니다.
이렇게 하고 싶은 걸 찾아가는 과정은 즐거워서 좋습니다.
하지만 가끔은 하고 싶은 게 없다는 사실에
우울해지기도 합니다.
그래도 지치지 않고 찾아나가려고 노력하는 게
제 장점이라고 생각합니다.

다구리*

벚꽃잎 하나

여러 빗방울이 부딪힌다

후드득

힘없이 떨어지는 벚꽃잎

다구리가 제일 나쁜 거랬는데

못된 빗방울들

* '뭇매'나 '패싸움'을 이르는 은어.

무지개 우산

알록달록한 무지개 우산 위로

빗방울이 떨어진다

빨간 면 위로 떨어진 빗방울은 '도' 소리를 내며 툭

주황 면 위로 떨어진 빗방울은 '레' 소리를 내며 툭

툭툭툭툭 소리를 내며

알록달록 재미있게 섞이는 음들

장마철 가장 알록달록한 노랫가락

창문

거실 바닥에 누워

창문을 바라보니

창문이 부러워진다

어쩜 저렇게

맑은 하늘을 머금고 있는지

어쩜 저렇게

푸르른 자연을 가득 눌러 담고 있는지

나도 내 안에

저 하늘과 자연을 머금고

눌러 담아 놓을 수 있다면 좋을 텐데

내 안이 하늘과 자연으로 가득 차

잡념 따윈 남지 않는다면 좋을 텐데

한예준

저는 코딩을 할 때가 가장 편안합니다.

아마도

그리고 제가 제일 좋아하는 과목은… 없습니다.

감사합니다.

토토

3만 원 충전

바카라를 한다

플레이어

뱅커

뱅커

플레이어

3만 원 충전해서

17만원을 벌었다

여기서 17로 한 번 더 이기면……

34

멈출까

아니야

까짓거 한 번

이기면 되잖아

플

뱅

그래 뱅커로 하자

'플레이어 승'

아, 진짜

한 번만 더……

또 한 번만 더……

진짜 마지막……

아, 진짜

상상

1. 창고

창고

아무도 없다

어둡다

귀신이 있을까?

상상을 한다

2. 행복한 상상

크리스마스 때 여친이랑 데이트 갈까?

어디로 가지?

롯데월드 갈까?

토스 카드로 표 예매하면 50% 할인해 준다던데

롯데월드나 갈까?

별이

별이는 그럴 수 있다

내 방을 어지럽히고

치우지도 않고

치우라고 하면 나중에

설거지하라고 하면 나중에

도와 달라고 하면 나중에

이런 별이가

남자 친구를 만나면 어떻게 될지

허강호

중학생이 되면서 많은 점이 달라졌습니다.
요즘 무엇을 해야 할지
많은 고민을 하고 있습니다.
시 쓰는 것이 어렵지만,
앞으로 노력 많이 하고 싶습니다.

열린 마음

어느 겨울날

내 마음의 문이 열렸다

단 한 번의 일이었지만

우연히 열렸다고 하지만

이미 내부 공간은

한기로 가득 차 있었다

잠깐의 일이었지만

재빨리 닫았다고 하지만

이미 내 마음속은

한기로 가득 차 있었다

거울

내 앞에 놓인 거울 하나

또 그 거울을 보는 나

보면 볼수록 하찮아지는 것

보면 볼수록 초라해지는 것

그건 거울에 비친 나

그럴 때마다 작아지는 내 마음

그러나 거울에서 눈을 떼면 알 수 있다

누구나 잘하는 것이 있는 것처럼

나도 잘하는 것이 있다는 것을

누구나 멋진 매력이 있는 것처럼

나도 나만의 매력이 있다는 것을

내 앞에 놓은 거울 하나

또다시 그 거울을 보는 나

보면 볼수록 위대해지는 것

보면 볼수록 자랑스러운 것

그건 거울에 비친 나

그럴 때마다 한없이 커지는 내 마음

내 마음속 계절

봄이 지나고 여름이 지나

다가오는 가을을 보며 나는 생각한다

가을아, 오지 말아라

푸르던 산이 힘없이 물들여지기에

항상 더웠다 추웠다를 반복하기에

무엇보다 겨울이 당장 온다는 신호이기에

지금보다 더한 힘듦이 찾아온다는 것을 알기 때문에

힘들었던 가을이 지나고

다가오는 겨울을 보며 나는 생각한다

겨울아, 제발 오지 말거라

생명의 모든 흔적이 감춰지기에

다채로운 것이 하얗게 뒤덮이기에

무엇보다 일 년이 지나간다는 신호이기에

그동안 누리던 추억이 지나간다는 것을 알기 때문에

그러나 돌아보면 가을과 겨울을 겪으며

나는 비로소 성숙해졌다

제 4 부

3학년 — 역시 우린 P였다

김현모

난 그냥 사람입니다.
당신이 생각하기 나름입니다.

절망

한 치 앞도 보이지 않는

공허하고 어두운 것

나의 과거이자

현재

미래이다

다 끝났다, 끝났어

고조선부터 지금까지

반만년의 역사

문자도 만들고

외적도 막고

산업화도 이루었지만

이제 와서

다 말아 먹네

이제 다 끝났다, 끝났어

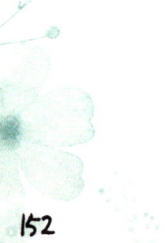

동생

천하의 신의 없고

몹쓸 놈이지만

때로는 기쁨이 되고

슬픔이 되며

또 함께하기도 하며

싸우기도 한다

그렇지만 함께할 때

더 좋은

문조원

저는 고요하다는 말을 좋아합니다.
고요하다는 소란하지 않고 조용하며 편안하다라는
뜻을 가지고 있습니다.
'고요하다'는 단순히 소리가 없는 상태를 넘어,
매일 같은 일상 속 지친 우리에게 쉼을 주는 것 같습니다.
고요함 속에서 나아갈 힘을 얻는 것이 바로
이 단어가 가진 의미가 아닐까 싶습니다.
그렇기에 저는 고요한 삶을 살고 싶습니다.

대기

대기 8명, 5명, 3명

기다리는 마음이 초조하다

한 달 전부터 아팠던 손목

병원에서 잔잔한 피아노 노래가 흘러나온다

대기 인원이 2명, 1명 적어질 때마다 초조해진다

내 이름이 들려온다

진료실로 들어간다

CT 결과를 보더니 부모님이랑 함께 와야 한다고 돌려보낸다

나의 초조함은 끝날 기세가 안 보인다

서러움

이젠 운동도 못하고

왼손잡이가 돼야 한다

수행이 2개나 남았는데 다음 주에 수술이란다

난 나이도 어린데

왜 나만 이러는지 모르겠다

서럽다

노는 날

오늘은 기다리고 기다린 노는 날

친구들이랑 약속을 잡으면

그날이 될 때까지

설레서 잠을 못 잔다

어떻게 하면 더 재밌게 놀 수 있을까

학교 가는 시간보다 일찍 일어나고

안 하던 팩도 하고

새로 산 옷을 꺼내 입는다

친구들을 만나 밥 먹고 놀고

밤늦게 돌아왔지만

오늘도 계획대론 놀지 못했다

역시 우린 P였다

민경찬

나뭇잎이 적어도 그늘을 만들 수 있고

가지가 적어도 열매가 생길 수 있듯

아직은 모든 것이 서투르지만 무시하진 말자.

아직 내 인생의 일부분이니깐.

고향

가족과 함께 나가서 하얀 도화지에 꽃 새기기

가족과 잊지 못할 추억 만들기

가족과 내일도 모르게 뛰놀기

가족과 함께 배가 터지도록 먹기

가족과 나만의 세상으로 꿈꾸기

고통과 고난이 이어져도 버틸 수 있다

나에겐 가족과 고향이 있다

그깟 밤하늘

무르익은 하늘이 검은 어둠에 삼켜지면

항상 벤치에 앉아 캄캄한 하늘을 보던 나의 첫사랑

넌 이름이 뭐야?

라고 물으면

이름조차 안 드러내던 아이

뭐 하고 있어?

라고 물으면

별만 보던 아이

그러다 같이 하늘을 보곤 했다

이해가 안 갔다

그깟 똑같은 하늘이 뭐가 좋던지

그렇게 아름답던가

하늘이 밉고 질투가 났다

지우개

지우개로 무엇이든 지울 수 있다

그래서 난 툭툭 소리가 날 정도로

비가 오는 밤에 그녀의 편지를 지울 것이다

한 글자 한 글자씩 쏙쏙 지운다

쏙쏙, 그녀와 추억이 사라졌다

쏙쏙, 그녀가 좋아하던 것들이 사라졌다

쏙쏙, 그녀가 전하고 싶던 마음이 사라졌다

쏙쏙, 그녀의 모든 것들이 사라졌다

이상했다

머릿속엔 그녀가 지워지지 않고

애꿎은 편지만 젖어갔다

박상진

상진이는 베이스를 좋아합니다.
밥 먹기 싫은 점심시간에는 교무실로 찾아와
음악실 열쇠를 갖고 가서 베이스 기타 연습을 합니다.
그러던 상진이가 요새 진로에 대한 고민이 큰지
도통 교무실을 찾지 않습니다.
상진이의 멋진 성장을 기대합니다.

삶

살아가는 와중에도

지금, 이 순간

몇 살까지 살아갈지 모르겠다는

마음이 자꾸만 든다

기말고사

추운 겨울에

기말고사를 보게 된다

기말고사 볼 시간이 되면

항상 중1 때로 돌아가고 싶다

그때가 좋았지

기타

기타 연습을 하기 위해

스피커를 연결한다

쩌렁쩌렁 집안 가득 울려 퍼지는

기타 소리

정신 사납다며 그만하라는

엄마의 쩌렁쩌렁 목소리

어쩌면 엄마의 목소리가 더

정신 사나운 건 아닐까?

백승도

저는 이 세상은 무엇이고
어떻게 살아갈 것인지에 관심이 있습니다.
그 이유는 이 세상이 무엇이고
어떻게 살아갈 것인지도 모른 채 인생을 살아가는 것은
너무 고통스럽기 때문입니다.
저는 그냥 모든 것을 있는 그대로 받아들이고 싶습니다.

인생

내 목표는 정상이었다

굳이 정상이 되어야 하는 걸까?

정상이 되지 않으면 실패하는 것일까?

나는 정상에게 열등감을 느끼고

정상은 나를 보고 우월감을 느껴야 하는 것인가?

나는 열등한 존재이고

실패한 인생인가?

나는 오늘도 나에게 질문을 던진다

회의감

회의감은 좋은 거다

회의감이 든다는 것은 옛날보다 더 성숙해졌다는 것을 보여주고

흑백으로 보이던 세상에 색깔을 불어 넣어 준다

회의감이 없는 삶에 대해서 회의감을 가져 봐라

아니 그냥 모든 것에 대해 회의감을 가져 봐라

안 보이던 게 보일 수도 있다

다람쥐

설악산을 등산하다 본 다람쥐

만약 내가

누구와 치열하게 경쟁하며 산을 올랐으면

올라가기에 분주해서

다람쥐라는 작고 귀여운 생명체에게

조금의 시간도 쓰지 못했겠지?

설수현

달달한 것을 좋아합니다.
너무 자주 먹는 게 문제지만.
그래도 자제하려 노력하고 있어요.
앞으로도 열심히 노력할게요.

노력

모래사장에서 노는데

파도 때문에 발자국이 없어져 버렸어

다시 열심히 남겼지만

깨끗해졌어

아무리 열심히 노력해도

안 되는 게 있나 봐

보물

바닷속 깊은 곳 숨겨져 있는

그 누구도 건드릴 수 없는

세상 무엇보다 소중한 나의

사랑스러운 보물

비록 아직 무엇인지 모르는 보물이지만

그 누구도 건드릴 수 없게

사슬을 감은 상자에 넣을 거야

아무도 찾지 못하게

바닷속 깊이 꼭꼭 숨길 거야

너를 위해

하늘과 구름처럼

한 부분이 되고 싶어

널 자랑스럽게 만들고 싶어

하지만 나는 계속 도망치는걸

널 위해 달리는데

계속 넘어지는 것 같아

나는 말이야

무엇을 원하는지 모르겠고

뭘 해야 할지 모르겠어

그저 너를 위해 존재하는 것 같아

그래도 끝까지 노력할게

최선을 다할 테니까

날 믿고 조금만 기다려

신건우

저는 삶에서 개개인의 행복이
가장 중요하다고 생각합니다.
그래서 행복하게 살아가기 위해 노력하고 있습니다.
행복이라는 게 무척이나 대단한 무언가는 아닙니다.
그저 자신이 좋아하는 일을 하고,
하고 싶은 일을 하는 것입니다.
방안에만 박혀서 몇 시간씩 게임도 하고,
귤 까먹으면서 넷플릭스도 보고,
그냥 그렇게 살고 있습니다.
아무튼 전 소확행이 좋습니다 :>

폭포

진짜인지

가짜인지

알 수 없는 내 마음은

폭포

아는지

모르는지

흘러내리는 내 눈물도

폭포

가을이 짧았던 탓

서늘한 가을바람 찾아올 무렵

우리집 앞마당에 제멋대로 드러누운 고양이 한 마리

할머니께서는 나비란 이름을 지어주셨다

햇병아리 같은 샛노란 털에

곧 울 것 같은 눈망울

수줍은 애교를 부리던 나비였다

그 작은 솜뭉치가 뭐가 귀엽다고

고사리 같은 손으로 부리나케 쓰다듬었다

그 야옹 한마디가 뭐가 좋다고

신나서 한참을 떠들었다

가을이 짧았던 탓일까

겨울이 급했던 탓일까

어이없게도 나비는 길고양이에게 목이 물려 죽었다

햇병아리 같던 샛노란 털엔 빨간 단풍이 물들었고

곧 울 것 같던 눈망울엔 허망만이 남았다

그해의 가을은 유난히 쌀쌀했고

난 잊히지 않는 가을과 널

겨울에 묻어주었다

둥근 해가 떴습니다

알람이 요란하게 울린다

듣기 싫은 그 소리에 난 몸을 돌린다

알람이 소란스레 울린다

짜증이 머리끝까지 올라 난 손을 더듬거린다

불쾌한 시작에

한숨 한번 푹 쉬고

햇살에게 말한다

둥근 해 미친 거 또 떴네

이상진

저는 요즘 생각 없이 살고 있습니다.
그래서 고등학교에 들어가서는
열심히 살아야겠다는 생각이 듭니다.

매미

매미가 시끄럽게 울어대서

매미를 보려고

소리가 나는 쪽으로 다가갔지만

매미는 없고

시끄러운 소리만 더 커졌다

역시즌

여름에 에어컨을 틀고

침대에 이불을 덮고 누워 있었더니

엄마가 추우면 나가라고 했다

겨울에 옷을 껴입고

선풍기를 틀고 있으면

엄마가 더우면 나가라고 한다

친구의 언행

모든 게 귀찮다

게임 약속을 잡고

집에 가서 전화를 걸면

귀찮다고 안 한단다

놀자고 약속을 잡고

주말이 되면

귀찮다고 안 나온다

귀찮으면 처음부터 약속을 잡지 말지

왜 이러는지 모르겠다

이주용

저는 많은 사람들과 이야기하고 다양한 주제에 대해
배우며 도움을 줄 수 있는 삶을 살고 싶어요.
사람들과 소통하고 경험을 나누는 과정에서
서로 배우고 성장할 수 있다고 저는 생각합니다.
저의 시는 아주 멋져요!
그러니 저한테 투자해 주실 분들은 연락주세요.
나의 가능성을 알아보는 자, 돈방석에 앉을 것이다.

빈자리

그녀가 만들어 놓은 빈자리

꼭 돌아온다고 말하였다

오늘은 돌아오지 않았다

다음날도 돌아오지 않았다

그리워하면서

빈자리를 채우려 한다

책을 읽고 운동을 하고 새로운 인연을 만나고

잊으려 한다

잊으려 할수록 계속 생각나는 한 사람

깨달았다

그 사람이 없으면 안 된다는 것을

한번 그녀를 기다려 보기로 했다

생각

나도 생각이 있었어요

무인 편의점에 들어가서
나오는 게 내 생각이었어요

문이 안 열릴지
누가 알았겠어요

그러니 조금만 기다려 주세요
내가 나갈 수 있는 그날까지

월급 루팡 쓰레기통

우리 집에는

못생기고 망가진 쓰레기통이 있다

쓰레기통이 낡고 망가져도

우리 집은 쓰레기통을 바꾸지 않는다

바꿔도 별 차이가 없으니까

하는 것도 없으면서

쓰레기를 달라며

재촉하는 월급 루팡 같은 사람

어느날 TV를 보고 있는데

월급 루팡 같은 사람이 나와

궤변을 털어놓는 걸 보니

기가 찼지만

할 수 있는 게 없었다

어쩔 수 없이

나는 쓰레기통을 걷어찼다

이준희

중학교에 올라와서 갑자기 잠이 많아진 것 같습니다.
원래 초등학교에선 잠 한 번 안 자던 애가
중학교에 올라와서 잠이 많이 늘었습니다.
그리고 식탐이 좀 는 것 같습니다.
아침을 안 먹고 등교를 하니
배고파서 점심을 많이 먹게 되었습니다.
그래도 학교에서 친구들을 볼 수 있다는 건
좋은 것 같습니다. ㅎㅎ

중학교

중학교에 입학했다

너무 설레었다

그렇지만 적응도 못 하고

수업할 때 잠만 잤다

나는 마치 잠만보 같았다

하지만 눈 떠보니

이제 곧 3학년

가을

점점 쌀쌀해지는 이 날씨

커플들이 나가 데이트하기 딱 적절한 날씨다

나만 없어 애인

길거리를 돌아다니면 사람들 다 연애를 하던데

내가 어디가 부족한가?

용기가 없는 건가?

외모가 별로인가?

키가 작은가?

계속해서 생각해 본다

지하철 안, 사거리, 어딜 가나 눈에 띄는 커플들,

제발 내 눈에만 띄지 마라

추워지고 있는 이 날씨에는

커플들이 옆에 꼭 붙어 다닌다

이런 좋은 가을에 나는 아직도 옆구리가 시리네

3만 원 도마뱀

우리 집 도마뱀은 겨우 3만 원

저렴하고 기쁜 마음에 샀지만

엄마는 도마뱀을 보기만 하면 눈이 돌아간다

나에게 도마뱀은 꼭 동생 같은데

엄마는 겨우 3만 원짜리 도마뱀으로 보는 것 같다

세월이 지나면

나는 도마뱀에게 정이 들고 더 아끼게 되지만

도마뱀을 징그러워하는 엄마에겐 그저

3만 원밖에 안 하는 도마뱀

조은서

2009년 4월 한창 만개했던 벚꽃잎이 한 잎씩 떨어지기
시작했던 20일 새벽, 봄날 저는 피어났습니다.
저는 어느덧 중학교 3학년이 되어
고입을 앞두고 있습니다.
3학년 막바지에 이르니 제 꿈에 대해 생각하는 날이
많아졌고, 제 진로에 의문이 드는 날도 많아졌습니다.
그래서 그냥 즐기기로 했습니다.
이 시에는 그런 제 감정이 담겨 있습니다.
제가 시에 썼던 간절함처럼 내 마음에
조금 더 솔직해져 보고, 즐겨보기로 하였습니다.
그러다 보면 언젠가 알게 되지 않을까요?

시험

좁은 공간에 갇혀

감시당하는 것만 같았다

종이를 들여다보면

암호로 이루어진 글이 나를 노려본다

지는 게 싫어

똑같이 노려본다

여기서부턴 수싸움이다

서핑하듯 조심스럽게 과감하게

타이밍을 놓치면

그대로 휩쓸려 버린다

희로애락이 오간 작은 공간엔

내 열정과 다 닳아버린

지우개만 남겨져 있다

익숙했던 것

마음 깊숙한 곳

변하지 않을 것 같던 무언가

변하기 시작한다

푸르기만 할 줄 알았던 잎은

햇살에 미세하게 물들었다

나와 같이 냇가에서 송사리 잡던 언니는

어느덧 대학 면접을 앞두고 새 셔츠를 산다

오늘이었던 어제가 가고 내일이었던 오늘이 밝는다

그렇게 하루가 흘러가면

내 마음엔 흔적이 남는다

세월이 흘러도 잊히지 않아 떠오르고

돌아볼 때마다 더 짙어져 있는

내가 변해도 그때 그 감정은

흔적으로 남아 그리운 추억이 된다

힘든 순간, 돌아보면 내게 힘이 되어 주리라

저 너머

있지 않을까

내가 바라는 무언가

죽을 만큼 괴롭지만

그럼에도 계속하게 되던 무언가의 결과

아무리 해봐도 수평선 너머는 보이지 않고

나는 망망대해에 표류한 것 같다

무엇을 위해 이러는 걸까

무엇 때문에 넘으려 하는 걸까

할 수 있을까 생각이 들 때

마음 구석 어딘가에 숨겨뒀던 간절함

생각하지 말자고 해서

저 너머에 한번 가보자고 해서

그냥 한번 가보기로 했다

그게 무식하고 고통스럽다 할지라도

지희준

모르는 아이

시한폭탄 같은 아이

생각을 안 하고 싶어 하는 아이

마음대로 나가고 싶어 하는 아이

귀찮으면 하기 싫다는 아이

욕심 많은 아이

애 같은 아이

때리고 싶은 아이

싫지만 좋은 아이

꿈

아름답다

예쁘다

한편으로는

이루어질 수 없어

슬프다

형

형은 다양하다

어쩔 땐 뻥튀기 같다

방문을 열면

뻥 소리보다 더 큰 소리로 욕을 해 온다

어쩔 땐 선생님 같다

모르는 게 있어 물어보면

하나를 알려주는 게 아니라 열을 알려준다

이런 형의 모습을

이해한다

가을바람과 매미 소리

가을에도 매미는 시끄럽게

울어댑니다

매미의 울음소리에는

여름이 묻어납니다

가을도

매섭게 바람을 불어댑니다

그 바람에

나무에 있는 매미는 휘청입니다

그 나무도 흔들립니다

매미는 떨어지고

나무에 있는 나뭇잎도

떨어집니다

가을입니다

홍은후

제가 좋아하는 것은 그림 그리기입니다.
다양한 캐릭터를 그릴 수 있어서 좋아해요.
공부는 그렇게 좋아하지 않지만,
열심히 하려고 노력 중입니다.
수업 시간에 잠잘 때가 있어서
수업 내용을 못 들었어요.
제가 살고 싶은 삶은
제가 하고 싶은 것만 하고 싶고
모두가 밝게 웃어주는 삶을 살고 싶어요.

나의 모습

나는 지금 완전 좋다

좋은 사람과 친구들이 많아서 좋다

화나는 일이 있어도

슬픈 일이 있어도

밝게 웃는다

고민을 하지 않고

좋은 생각과 꿈을

이루고 싶다

오늘도 내일도

미래에서도

밝게 웃는 모습

삶

각자에게 있는 것 중 하나인

그것은 삶

누구에게 강요받으며 삶이 바뀌거나

누구에게 강요받지 않으며 자신의 삶을 이룬다

힘들어도 계속해서 극복하고

열심히 살면 이루어진다

삶의 주인은 그 누구의 것도 아닌 바로 나 자신

그 누구도 바꿀 수 없다

내 삶의 주인은 나

그 사람의 삶도 그 사람 것

강요 따윈 받지 말고 나아가라

그것이 바로 삶이다

새로운 시작

모든 것에 있는 그것 시작

처음부터 끝까지 시작되고

끝날 때까지 안 멈춘다

나쁜 기억들은 새로운 시작에 도움이 된다

오히려 그 기억이 도움을 주며

새로운 경험을 하게 해 주는 도움이다

모두가 건강하고 좋게 새로운 시작을 했으면 좋겠다

누구는 행복하고 누구는 불행하지만

그 시작에선 혼자가 아니다

친구들이 함께 도와주고 웃어주고

슬퍼해 주고 화내 주며

계속 붙어 다니면 외롭지 않은 시작이 된다

발문

각자의 색깔이 모여 만드는 무지갯빛 세상 이야기

안영선 (시인, 강하중 교장)

나는 지난 2023년 3월 경기도 양평군 강하면에 있는 전교생 38명인 강하중학교 교장으로 발령을 받았다. 면 소재지도 아닌 다소 외진 산속에 자리 잡은 소규모 농촌학교는 도시의 학교와는 사뭇 다른 묘한 매력이 있다. 특히 교육 가족이라는 말이 실감 날 정도로 피부에 와닿는 공동체 의식이 가득한 학교다. 이는 아이들과 하나하나 소통할 수 있는 작은 학교만이 가질 수 있는 장점이기도 하다.

우리 학교는 전교생이 밴드와 오케스트라를 하는 멋진 학교다. 특히 올해는 학부모와 교사들이 아이들과 함께 방과후수업에 참여하여 악기를 배우고 밴드부와 오케스트라 단원으로 참가하고 있다. 사교육이 없는 소규모 농촌학교에서 교육공동체가 함께 만드는 오케스트라를 통해 아이들은 꿈을 키우고 모두가 행복한 삶을 꿈꾸는 희망의 메시지를 전하고 있다.

오케스트라와 밴드는 묘한 마력이 있다. 각각의 악기를 연주할 때는 몰랐지만 합주를 통해 만들어지는 조화로운 음악은 각자의 색깔이 모여 만드는 무지갯빛 세상 이야기를 담은 매력이 넘치는 한 편의 시문(詩文)이 되기도 한다.

무지갯빛 세상은 우리 아이들이 꿈꾸고, 우리 학교가 꿈꾸는 세상이기도 하다. 요즘 우리 아이들이 시를 쓰기 시작했다. 그 과정에 국어과 김난희 선생님의 노력이 컸다. 선생님은 아이들의 시 창작을 위해 다양한 문학 특강과 창작 특강을 마련하고 아이들이 사물을 바라보는 눈을 키워 주었다. 교실 밖으로 펼쳐진 아름다운 자연은 아이들이 시를 쓸 수 있는 무한한 원고지였고, 상상력을 키워내는 공작소였다.

그렇게 피어난 시편 속에서 아이들이 꿈꾸는 무지갯빛 세상 이야기를 들어본다.

세상을 빛나게 하는

세상을 바라보는 아이들의 눈은 순수하다. 순수하다는 것은 꾸밈이 없고 진솔하다는 뜻일 것이다. 아이들의 시를 읽으면서 그 순수한 마음에 고개를 끄덕이게 된다. 그 흔한 비유나 상징이 없어도 쉽게 공감할 수 있는 것은, 그들이 바라보는 세상과 사물에 대한 시각이 어른의 눈과는 다르기 때문이다. 청소년기의 맑은 감수성은 관념적이지 않아서 좋다. 그들이 뱉는 언어 하나하나는 자기 내면을 향하고 있다. 이 시편들을 통해 '세상을 빛나게 하는' 것은 바로 자신임을 보여주기 때문이다.

어떡하지?

숙제할까? 말까?

씻을까? 말까?

운동할까? 말까?

그럴 때 난 엄마에게 묻는다

엄마는 말한다

"그걸 나한테 왜 물어봐!"

그럼 난 뭘 할지 번뜩 떠오르지만

엄마에게 뭐라고 말할지 뻘쭘해져서

"알겠어" 한다

- 문서준, 「우리 엄마」 전문

집에서 막내인 서준이는 아직 어리기 때문에 판단에 어려움이 있을 수 있다. 이 시에서 화자는 가장 일상적인 활동을 하나하나 엄마에게 물어야 하는 어린아이의 모습을 지니고 있다. 그런 아이를 바라보는 엄마는 '그걸 나한테 왜 물어봐!'라며 아이의 선택을 바라고 있으며, 그 이면에는 아이에 대한 존중과 배려의 마음이 담겨 있다. 어린아이의 선택을 존중해 주는 엄마의 마음을 통해 아이가 세상을 빛나게 하는 소중한 존재라는 것을 확인시키고 있다.

나의 마법은 불을 소환할 수 있지

히힣 :)

가을도 마법을 사용하지

마법은 나무를 붉고 노랗게 만드는 염색 능력이지!

어라?

이 마법은 나도 못쓰는데?

가을은 엄청난 마법의 소유자다!

- 문시영, 「마법」 전문

   시영이의 시 「마법」은 자연을 바라보는 화자의 참신한 상상력이 돋보이는 작품이다. 가을을 '엄청난 마법의 소유자'라고 표현한 것이 재미있다. 화자가 게임에서 불을 소환하는 마법을 부리는 것처럼 가을은 나무를 붉고 노랗게 만드는 염색 능력의 마법을 지녔다고 말한다. 단풍에 대한 과학적 접근이 아닌 마법적 접근을 통해 가을이 빚어놓은 아름다운 단풍을 더 경이롭게 만들고 있는 것은 아닌지. 시적 언어로 자연을 담아내는 참신한 언어 표현에 깜짝 놀라게 된다.

어항에 이끼가 생기듯
마음에도 이끼가 생긴다

어항에 물을 넣고 오래 있으면
이끼가 생기는 것처럼

마음에 눈물이 차 있는 상태로
오래 있으면
마음에도 이끼가 생긴다

마음속 어항에 눈물을 비우고
청소할 수 있다면 얼마나 좋을까

청소하는 법이 있다면
엄마에게 알려주고 싶은데

– 박민지, 「어항」 전문

    민지의 시 「어항」은 엄마에 대한 화자의 마음을 잘 담아낸 작품이다. 어항과 마음을 대비시킨 것도 좋았지만 마음고생이 많은 엄마가 눈물로 만든 이끼를 걷어내기를 바라는 화자의 마음을 읽을 수 있어 가슴이 먹먹한 작품이다.

사람은 누구나 마음에 상처가 있기 마련이다. 하지만 그 상처를 지워내는 일은 쉽지 않다. 어항에 낀 이끼를 지우듯 마음의 상처를 치유할 수 있다면 얼마나 좋을까. 어항을 바라보듯 엄마의 마음을 바라보는 화자의 예쁜 마음이 잔잔하게 내게도 전해지고 있음을 느낀다.

가장 소중하다 생각하는 건
사람마다 다르겠지

… 중략 …

사람들이 생각하는 것은 저마다 다르겠지

그럼에도
알아야 할 것이 있어

누군가는
널 원할지도
널 생각할지도
널 가장 소중히 여길지도 모른다는 것을

- 정세연, 「그럼에도 알아야 할 것」 부분

세연이는 9월에 전학을 온 친구다. 전학생의 경우 새 학교에 적응하기가 쉽지만은 않다. 이미 결속력이 강한 소규모 학교일 때에는 더 어려울 수도 있다. 하지만 세연이는 초등학교 저학년 때 이 친구들과 함께 생활한 경험이 있어 즐겁게 생활하고 있으며 아이들도 오랜 친구처럼 대하고 있다. 이 시는 자신을 향한 목소리처럼 들린다. 소중하다는 것은 무엇일까? 소중한 가족, 소중한 친구보다 더 소중한 것은 바로 자신일 것이다. 우리는 흔히 자신의 소중함을 잊고 산다. 그러나 누군가에게는 내가 가장 소중한 존재일 수 있다는 사실을 알 필요가 있다. 세상을 빛나게 하는 존재가 바로 나일 수 있기 때문이다.

많은 별 중 가장 빛나는 별

어린 시절 밤하늘의 별을 보고 꿈을 키우던 시절이 있었다. 나는 학창 시절, 알퐁스 도데의 소설「별」에 흠뻑 빠졌던 기억이 있다. 주인공 목동과 주인댁 아가씨 스테파네트와의 순수한 사랑이 아름다운 별빛 속에서 반짝일 때 사춘기였던 내게는 가슴을 설레게 하는 울림이 있었다. 밤하늘의 별을 바라보며 별 하나하나에 소중한 사람들의 이름을 붙여주던 시절이 있었고, 떨어지는 별똥별을 보며 찰나의 순간에 소원을 빌기도 했다. 도심에서는 이제 별을 보기가 쉽지 않지만, 우리 학교에서는 아직도 밤하늘에 초롱초롱한 별을 볼 수 있으니, 그것이 작은 행복이고 소중한 추억이다. 누구나 하나쯤은 이런 소중한 추억을 간직했으면 하는 것이 작은 바람이기도 하다.

많은 별 중 가장 빛나는 별

그 하나만 보인다

찬란하게 빛나고 있는 그 별을

끝이 보이지 않는 먼 우주

별을 찾으려 하지만

우리는 서로를 볼 수 없다

오랜 시간이 걸려

어둠 속에서 길을 헤매며

너에게 가고 있다

별도 내게 오고 있을까?

– 김규림, 「별에게 가는 길」 전문

 별은 누군가에게는 동경의 대상일 수도 있고, 그리움의 대상일 수도 있다. 별 하나에 새겨진 이름을 찾아 떠나는 여행은 사실 나를 향하는 여행일지도 모른다는 생각이 든다. 즉, 별은 또 다른 나의 모습일 것이다. 가슴에 별을 품을 수 있다는 것은, 무한한 행복이다. 항해사의 길잡이가 되어주었던 북극성처럼, 은하수를 건너서 만나던 견우와 직녀성처럼, 수많은 전설을 담고 있는

북두칠성처럼 별은 그 자체로도 소중한 존재일 것이다. 규림이의 시 「별에게 가는 길」을 읽고 있으면 마치 BTS의 '소우주'를 듣는 것 같다. '나'라는 작은 존재가 하나의 역사가 되고, 별이 되고, 70억 개의 빛으로 빛나는 것처럼 우리는 '많은 별 중 가장 빛나는 별'이 되는 것이다. 마지막 행의 '별도 내게 오고 있을까?'라는 질문은 화자 자신을 향한 목소리가 아닐까 싶다.

넌 알지 / 내가 어떨 때 슬픈지

넌 알지 / 내가 무엇을 좋아하는지

넌 알지 / 내가 너한테 얼마나 잘해 주는지

넌 알지 / 나에 대해

그렇지만 이건 모르지 / 내가 널 얼마나 기다리는지

— 김미성, 「넌 모르지」 전문

아는 것과 모르는 것의 차이는 얼마나 될까? 우리는 가장 잘 안다고 생각하는 것에 대해 실세로는 모르는 경우가 참 많다. 부모와 자식의 마음도 그럴 것이고, 친한 친구와의 관계도 그럴 것이다. 사소한 문제로 오해가 빚어지고 갈

등이 생겨나는 것도 마찬가지다. 우리는 안다고 하는 많은 것들 때문에 정작 중요한 것을 모르고 살아가는 것은 아닌지. 미성이의 시 「넌 모르지」는 제목부터가 참신하고 재밌다. 이 시의 각 연은 '넌 알지'로 시작된다. '어떨 때 슬픈지, 무엇을 좋아하는지, 얼마나 잘해 주는지'에 대해 잘 알고 있지만, 화자는 '내가 널 얼마나 기다리는지'를 모른다고 말한다. 이 시에서 나와 너는 동일시의 대상으로도 읽힌다. 내가 잘해 주는 너는 나이고, 내가 그토록 기다리는 너 또한 나인 것이다.

알록달록한 무지개 우산 위로
빗방울이 떨어진다

빨간 면 위로 떨어진 빗방울은 '도' 소리를 내며 톡
주황 면 위로 떨어진 빗방울은 '레' 소리를 내며 톡

톡톡톡톡 소리를 내며
알록달록 재미있게 섞이는 음들

장마철 가장 알록달록한 노랫가락

- 전은총, 「무지개 우산」 전문

은총이의 시 「무지개 우산」은 시적 리듬감이 잘 느껴지는 작품이다. 빗방울 소리를 노랫가락으로 듣는 화자의 센스가 유감없이 발휘된 작품이다. 일곱 빛깔 무지개 우산에 떨어지는 빗방울은 일곱 개의 음계를 가졌을 것이다. 무겁게 내리는 장마지만 경쾌하고 아름답게 느낄 수 있는 것은, 무지개 우산이 있기에 가능했을 것이다. 무지개가 주는 시각적 발랄함과 빗방울 소리가 주는 청각적 발랄함이 있기에 장마조차도 알록달록한 노랫가락으로 들리는 것이다. 화자가 시적 대상을 바라보는 시각이나 감각적인 언어 사용은 이 시를 생동감 넘치는 작품으로 만들기에 충분했다.

　　별이는 그럴 수 있다
　　내 방을 어지럽히고
　　치우지도 않고

　　치우라고 하면 나중에
　　설거지하라고 하면 나중에
　　도와 달라고 하면 나중에

　　이런 별이가
　　남자 친구를 만나면 어떻게 될지

- 한예준 「별이」 전문

예준이 동생의 이름은 별이다. 얼마나 예쁜 이름인가. 이름만 들어도 귀여운 동생의 모습이 떠오르는 것 같은 행복이 가득한 작품이다. 이 시에서는 여동생에 대해 무한 관대한 오빠의 모습을 보여주고 있다. 아마도 나이 차이가 좀 나지 않을까 생각도 든다. '별이는 그럴 수 있다'라는 이 한 문장이 곧 화자의 마음일 것이다. 그 관대함과 무한한 허용은 동생에 대한 애정이 있기에 가능할 것이다. 먼 훗날 예쁜 별이가 어른이 되어 정말 남자 친구를 만나면 어떻게 될지 궁금해지는 작품이다.

역시 우린 P였다

MBTI 검사를 해 본 적이 있다. MBTI 검사는 요즘 사람들의 관심을 가장 많이 받는 성격 검사이다. MBTI는 모두 16가지 성격 유형으로 나뉘며, 각각의 유형은 독특한 성격 특성과 행동 패턴을 가지고 있다. 나는 INFJ(옹호자) 유형으로 타인을 돕는 열정이 강하고, 깊은 통찰력이 있는 유형이라고 한다. 교사가 이 유형에 속한다고 하니 비교적 잘 맞는 셈이다.

어떻게 하면 더 재밌게 놀 수 있을까

학교 가는 시간보다 일찍 일어나고
안 하던 팩도 하고

새로 산 옷을 꺼내 입는다

친구들을 만나 밥 먹고 놀고
밤늦게 돌아왔지만
오늘도 계획대론 놀지 못했다

역시 우린 P였다

- 문조원 「노는 날」 부분

　　조원이의 시 「노는 날」은 MBTI를 활용한 재미있는 시다. 생활 양식을 가르는 기준에는 J(판단형)와 P(인식형)가 있다. J가 계획적이고 체계적인 생활을 선호한다면, P는 융통성 있고 자유로운 생활을 선호하는 유형이다. 친구들과 노는 날을 위해 일찍 일어나고, 팩도 하고, 새로 산 옷도 꺼내 입는 등 계획적이고 체계적으로 준비를 하지만 친구들을 만나 노는 그 시간만큼은 오히려 P처럼 자유로운 시간을 보낸다. 어쩌면 사춘기의 특성이 그럴지도 모르겠다. 새 학년, 새 학기가 되면 학습 계획표도 짜고 시간을 얼마나 효율적으로 관리할까 고민하지만 정작 계획표에 맞게 실천하는 것은 쉽지 않기 때문이다. 사춘기의 충동적인 열정은 창의적인 상상력을 이끄는 힘이 있다. 자유로운 사고와 돌발 행동이 청춘을 이끄는 원동력이 될 수도 있겠다는 생각에 고개를 끄덕이게 된다.

나는 말이야
무엇을 원하는지 모르겠고
뭘 해야 할지 모르겠어
그저 너를 위해 존재하는 것 같아

그래도 끝까지 노력할게

최선을 다할 테니까
날 믿고 조금만 기다려

— 설수현 「너를 위해」 부분

수현이의 시 「너를 위해」는 자신에 대한 성찰을 보여주는 작품이다. 중학교 3학년이면 참 많은 생각을 하게 되는 시기이다. 고등학교 진학부터 미래의 꿈까지 어느 것 하나 속 시원하게 결정되고 이루어지는 것이 없다. 원하는 것이 수시로 바뀌고, 하고 싶은 일도 수시로 바뀌니 참으로 고민이 많은 시기일 것이다. 이런 시기에 자신을 돌아보고 성찰할 수 있는 시를 쓴다는 것이 대견스럽기도 하다. 성찰은 굳은 의지의 표현이기도 하다. 화자는 스스로에게 다짐하며 굳은 신뢰와 격려를 보낸다. 우리 아이들의 건강한 모습을 보여주는 시가 아닐까 싶다.

가을이 짧았던 탓일까

겨울이 급했던 탓일까

어이없게도 나비는 길고양이에게 목이 물려 죽었다

햇병아리 같던 샛노란 털엔 빨간 단풍이 물들었고

곧 울 것 같던 눈망울엔 허망만이 남았다

그해의 가을은 유난히 쌀쌀했고

난 잊히지 않는 가을과 널

겨울에 묻어주었다

— 신건우, 「가을이 짧았던 탓」 부분

    반려묘의 죽음은 얼마나 많은 슬픔을 동반하는 것일까? 건우는 시 「가을이 짧았던 탓」에서 '가을바람 찾아올 무렵' 앞마당에 나타난 고양이에게 할머니가 나비라는 이름을 지어주었고, 나비는 그렇게 가족이 되었다고 말한다. 그러던 어느날, 길고양이에게 물려 죽은 나비를 짧은 가을과 함께 겨울 속에 묻어주었다고 말한다. 나비의 '샛노란 털엔 빨간 단풍이 물들었다'라고 말하는 화자의 담담한 언어 속에는 나비가 짧았던 가을이었을 암시하고 있다. 나비의 짧은 생과 가을의 짧은 시간은 동일 시선 속에 존재하며 화자에게는 잊히지 않는 가슴 아픈 기억으로 남게 된 것이다.

모두가 건강하고 좋게 새로운 시작을 했으면 좋겠다

누구는 행복하고 누구는 불행하지만

그 시작에선 혼자가 아니다

친구들이 함께 도와주고 웃어주고

슬퍼해 주고 화내 주며

계속 붙어 다니면 외롭지 않은 시작이 된다

- 홍은후 「새로운 시작」 부분

 은후는 취미가 그림이다. 그림 중에서도 인물의 캐릭터를 그리는데 남다른 재주가 있다. 내가 처음 우리 학교에 부임하고 얼마 지나지 않았을 때, 은후는 수줍게 교장실 문을 두드리고 들어왔다. 손에는 직접 그린 캐릭터 한 장이 들려 있었다. 그 후에 안 일이지만 은후는 우리 학교의 모든 학생과 교직원의 캐릭터를 그리고 있었다. 은후는 인물의 특징을 잘 살려내는 세밀한 관찰력을 갖고 있었고, 그렇게 만들어진 캐릭터로 교장실 앞 중앙 현관에서 전시회를 개최하기도 했다. 처음 중학생이 되었을 때만 해도 친구들과 어울리지 못하고 낯을 가리던 은후는 이제 누구보다 당당하게 자신을 표현하는 친구가 되었다. 그런 그의 마음이 가장 잘 드러난 작품이 시 「새로운 시작」이다. 자신을 드러내는 것에 소심했던 은후는 이제 새로운 시작을 준비하고 있다. 무엇보다도 시작은 혼자가 아니라는 생각을 하게 되었고, 친구들과 어울리면서 함께라는 감정을 품게 되었다. 이제는 외로움에서 벗어나 새로운 시작을 꿈꾸는 아이가 된 것이다.

나는 우리 아이들을 보고 있으면 행복하다. 등교하는 모습을 봐도 행복하고, 아침 점심으로 텃밭에 물을 주는 모습을 봐도 행복하고, 금요일마다 교장실 문을 빼꼼히 열고 주말 인사를 건네는 모습을 봐도 행복하다.

우리 아이들은 비도 맛있다 한다. 그런 아이들이 함께 어울려 글을 쓰고, 악기를 배운다. 38명뿐인 전교생이 시집 출간과 함께 밴드와 오케스트라 단원이 되어 송년 음악회를 준비 중이다.

나는 오늘도 아이들의 소중한 꿈과 행복한 미래를 응원한다.

/ 강하중학교아이들 시집 /

나에겐 비도 맛있다

초판 1쇄	2024년 12월 15일
지은이	김준모·문서준·문승권·문시영·박민지·박시은·박채호·설승우 송정후·오헌석·정세연·최동호·최지호·허예은·김규림·김미성 김정원·류성이·신민준·이상희·장지현·전은총·한예준·허강호 김현모·문조원·민경찬·박상진·백승도·설수현·신건우·이상진 이주용·이준희·조은서·지희준·홍은후 찬조시 : 김윤명·한미란·강진규·김숙영·안영선
펴낸이	박숙현
출판등록	2022년 12월 13일 제562-2022-000130호
펴낸곳	도서출판 별꽃
	경기도 용인시 처인구 지삼로 590 CMC빌딩 307호
	전화 : 031-336-8585 팩스 : 031-336-3132
이메일	booksry@naver.com
홈페이지	https://booknstory.kr
편집디자인	광문당
가격	15,000원

ISBN 979-11-94112-10-5(43810)

ⓒ강하중학교아이들, 2024

· 이 책의 일부 또는 전부를 재사용하려면 반드시 저작권자와 도서출판 별꽃 양 측의 동의를
  얻어야 합니다.
· 잘못된 책은 구입한 곳에서 바꿔드립니다.